PRESIDENTE Reinaldo Domingos
DIRETORA PEDAGÓGICA Ana Rosa Orellana Vilches Soprani
DIRETORA DE ARTE E PROJETO GRÁFICO Christine Baptista
REDATORAS Amanda Torres e Renata de Sá
CONSULTOR Daniel Munduruku
ILUSTRADORA Luyse Costa
REVISOR Daniel Febba
IMPRESSÃO Gráfica Pancrom

Av. Paulista, 726 - Cj. 1210 - Bela Vista
CEP: 01310-910 - São Paulo - SP
Tel.: 11 3177-7800
www.editoradsop.com.br

DADOS INTERNACIONAIS DE CATALOGAÇÃO NA PUBLICAÇÃO
(CÂMARA BRASILEIRA DO LIVRO, SP, BRASIL)

DOMINGOS, REINALDO
A MENINA DO RIO / REINALDO DOMINGOS
ILUSTRAÇÃO LUYSE COSTA -- 1. ED.
SÃO PAULO : EDITORA DSOP, 2017

ISBN: 978-85-8276-284-4

1. Ficção 2. Dinheiro - Literatura infantojuvenil
3. Finanças - Literatura infantojuvenil
I. Costa, Luyse. II. Título.

17-02999 cdd-028.5

Índice para catálogo sistemático:
1. Educação Financeira : Literatura infantojuvenil 028.5
2. Educação Financeira : Literatura juvenil 028.5

REINALDO DOMINGOS

CONSULTORIA
DANIEL
MUNDURUKU

A menina do RIO

ILUSTRAÇÕES | LUYSE COSTA

SOMOS PARTE DA TEIA DA VIDA

QUANTOS DE NÓS JÁ NÃO SE IMAGINOU VISITANDO UMA ALDEIA INDÍGENA? QUANTOS DE NÓS JÁ NÃO "BRINCOU DE ÍNDIO"? QUANTOS DE NÓS JÁ NÃO QUIS VIVER NA FLORESTA, ATIRANDO COM ARCO E FLECHA, TOMANDO BANHO NO RIO OU SUBINDO NAS GIGANTESCAS ÁRVORES QUE ENFEITAM A AMAZÔNIA?

NOSSA CABEÇA SEMPRE VIAJA QUANDO PENSAMOS NOS TAIS "ÍNDIOS", NÃO É MESMO? NOSSOS PENSAMENTOS DÃO VOLTAS IMAGINANDO COISAS QUE NOS SÃO MUITO ESTRANHAS, PORQUE DIFEREM DA NOSSA PRÓPRIA CULTURA HUMANA.

ISSO TUDO É MUITO NORMAL. A GENTE SEMPRE TEM MEDO DO QUE É DIFERENTE, DAQUILO QUE FOGE DO NOSSO MODO DE SER E VIVER. ISSO ACONTECE PORQUE SOMOS SERES SOCIAIS, E NOSSAS VIDAS SEGUEM UM MODELO QUE A ESCOLA AJUDA A PADRONIZAR EM NOSSAS CABEÇAS. ASSIM FAZEMOS COISAS, QUE NOS PARECEM NORMAIS, PORQUE TODO MUNDO DIZ QUE ASSIM DEVE SER FEITO. A GENTE TEM UMA ALIMENTAÇÃO QUE NOS ENSINAM QUE É BOA; TEM ROUPAS E VESTIMENTAS PARA CADA SITUAÇÃO; TEM OS LUGARES QUE FREQUENTAMOS QUE NOS AJUDAM A RELAXAR, BRINCAR, CORRER, COMPRAR, CONSUMIR E APRENDER. A ISSO TUDO CHAMAMOS CULTURA.

TODO POVO TEM A SUA E, POR MAIS QUE NOS PAREÇA ESTRANHA, CONFUSA OU MESMO EXTRATERRESTRE, A GENTE PRECISA RESPEITÁ-LA, PORQUE É O JEITO DAQUELE POVO DE SER HUMANO. É POR ISSO QUE DEVEMOS TRATAR CADA UM COM RESPEITO, DELICADEZA, AFETO E COMPREENSÃO. NÃO CABE A UMA CULTURA JULGAR OU SUBJUGAR A OUTRA; PORQUE, DESTA MANEIRA, SEREMOS ETNOCÊNTRICOS, OU SEJA, DECLARAREMOS QUE A NOSSA CULTURA É MAIS IMPORTANTE QUE A DO OUTRO.

POR QUE ESTOU DIZENDO TUDO ISSO? PORQUE, DURANTE MUITO TEMPO, AS POPULAÇÕES INDÍGENAS FORAM CONSIDERADAS CULTURAS MENORES. TUDO COMEÇA COM A PALAVRA "ÍNDIO", MUITO USADA PARA IDENTIFICAR OS POVOS INDÍGENAS, SEUS COSTUMES E SUAS CRENÇAS. JÁ PASSOU PELA SUA CABEÇA QUE ESSA PALAVRA É PEJORATIVA? QUE É UM APELIDO QUE PAIRA SOBRE A DIVERSIDADE ÉTNICA BRASILEIRA E QUE ESCONDE A EXISTÊNCIA DE MAIS DE TREZENTOS POVOS E ALGO EM TORNO DE 275 LÍNGUAS?

NO BRASIL NÃO HÁ ÍNDIOS QUE MORAM EM TRIBOS PERDIDAS NO TEMPO, E SIM INDÍGENAS (NATIVOS), VIVENDO EM SEUS POVOS (E NÃO TRIBOS) E PROCURANDO MANTER SUA CULTURA CONFORME FOI APRENDIDA POR SEUS PAIS E AVÔS. NÃO SE PODE DIZER QUE ESTÃO PRESOS AO PASSADO PORQUE SÃO NOSSOS CONTEMPORÂNEOS E PRECISAM ATUALIZAR SUA CULTURA. DE HOJE EM DIANTE, NÃO PODEMOS MAIS FICAR CONFUSOS QUANDO VEMOS UM MUNDURUKU, GUARANI OU YANOMAMI TRAJANDO ROUPAS COMUNS DO NOSSO DIA A DIA OU VIAJANDO DE AVIÃO. NÃO PODEMOS QUERER QUE ELES SE TRAJEM COMO SEUS AVÔS SE TRAJAVAM HÁ CENTENAS DE ANOS. NÓS TEMOS QUE CHAMÁ-LOS PELO NOME E NÃO POR UM APELIDO, TEMOS QUE COMPREENDER O MODO DE SER DE CADA UM DESSES POVOS PARA NÃO INCORRERMOS NO PERIGO DE GENERALIZAR E EMPOBRECER A EXPERIÊNCIA DE HUMANIDADE DELES. COMBINADO?

SE A GENTE PENSAR BEM, É EXATAMENTE ISSO QUE ESTE LIVRO NOS ENSINA: NÃO TER MEDO DE CONHECER O OUTRO, MESMO QUANDO O OUTRO NOS PARECE DIFERENTE. LEVAR UM SUSTO É NORMAL, ESTRANHAR O COMPORTAMENTO DO OUTRO É COMPREENSÍVEL, NÃO ENTENDER A LÍNGUA QUE O OUTRO POVO FALA É TAMBÉM ALGO COMUM. PORÉM, NÃO PODEMOS COLOCAR A OUTRA PESSOA COMO INFERIOR, ATRASADA OU ESQUISITA APENAS PORQUE ELA TEM UMA CULTURA DIFERENTE.

É ISSO QUE O TEXTO DEIXA TRANSPARECER NAS FIGURAS DE SUAS PROTAGONISTAS. ELAS SE ESTRANHAM, OBSERVAM-SE E SE IRRITAM ATÉ QUE SUAS DEFESAS VÃO SE ABRINDO, E CADA UMA DELAS VAI ACEITANDO O MODO DE SER DA OUTRA. AÍ ACONTECE O MILAGRE DA PARTILHA, DA SOLIDARIEDADE AO SOFRIMENTO QUE CADA UMA TRAZ DENTRO DE SI. É ASSIM QUE APRENDEMOS A CONVIVER ACEITANDO A HISTÓRIA DE CADA SER HUMANO, INDEPENDENTEMENTE DA CULTURA EM QUE ELE ESTÁ HOSPEDADO.

ESTE É UM LINDO LIVRO. SUA MENSAGEM É DE SUPERAÇÃO, DE RESPEITO, DE APRENDIZADO E DE VIRTUDES TÃO ESQUECIDAS NO MUNDO EM QUE VIVEMOS ATUALMENTE. ELE NOS AJUDA A RESGATAR ESSES SENTIMENTOS E A NOS LEMBRAR DE QUE SOMOS PARTE DE UMA GRANDE TEIA, QUE NOS UNE A TODOS EM UMA ÚNICA REGRA: SOMOS PARTES DA NATUREZA E ELA É PARTE DE NÓS. NÃO SE ESQUECER DISSO É FUNDAMENTAL PARA ALIMENTARMOS O RESPEITO POR CADA VIDA QUE EXISTE EM NOSSO LINDO PLANETA, QUER SEJA UM ANIMAL, UM VEGETAL, UM INSETO OU UM HUMANO. SOMOS TODOS PARTE DE UMA TEIA QUE NOS UNE AO INFINITO. SOMOS.

DANIEL MUNDURUKU
ESCRITOR INDÍGENA COM MAIS DE 40 LIVROS PUBLICADOS E DOUTOR EM EDUCAÇÃO PELA USP. JÁ RECEBEU DIVERSOS PRÊMIOS LITERÁRIOS NO BRASIL E NO EXTERIOR.

CERTO DIA, PAPAI ME ACORDOU PARA CONTAR QUE UM GRANDE PÁSSARO DE FERRO, QUE CARREGAVA AS PESSOAS DEBAIXO DAS SUAS ASAS, ESTAVA TRAZENDO PARA CÁ UMA GAROTA DA CIDADE.

BANCO
REVISTARIA
EMBARQUE CUIABÁ
AEROPORTO DE CUIABÁ
AEROPO
AEROPO
PORTO

PARTIMOS BEM CEDINHO DA ALDEIA.

ENQUANTO REMAVA PELAS ÁGUAS DO RIO, PAPAI ME CONTAVA QUE, LÁ DE ONDE A GAROTA VINHA, TINHA TANTAS LUZES NAS CASAS QUANTO ESTRELAS NO CÉU À NOITE.

PARQUE INDÍGENA DO
XINGU

QUANDO CHEGAMOS AO PONTO DE
ENCONTRO, MEU CORAÇÃO DISPAROU
DE ALEGRIA E ANSIEDADE.

MAS, ASSIM QUE OLHEI PARA A GAROTA DA CIDADE, PERCEBI QUE ELA ERA DIFERENTE DAS OUTRAS CRIANÇAS DA ALDEIA.

DO SAPATO COR DE SOL ATÉ
O ÚLTIMO FIO DE CABELO.

PARA MIM, LUNA ERA
EXAGERADAMENTE EXAGERADA.

TROUXE ATÉ A MINHA FLAUTA
PARA A GENTE BRINCAR.

MAS ACHO QUE ELA NÃO ENTENDEU QUE A FLAUTA SERVE PARA TOCAR MÚSICA. A GAROTA DA CIDADE COMEÇOU A SACUDI-LA E, DE REPENTE, COMO SE OBEDECESSEM AO COMANDO DELA, TODAS AS ROUPAS SALTARAM DAS MALAS COMO SE TIVESSEM RESOLVIDO DANÇAR COM VENTO.

PERCEBI O QUANTO LUNA ERA
REALMENTE DIFERENTE E
ME LEMBREI DO PEDIDO DE
PAPAI: QUE EU FOSSE GENTIL
E TIVESSE PACIÊNCIA.

EM CASA, MAMÃE DEIXOU TUDO PREPARADO, MAS ALGUMA COISA PARECIA FORA DO LUGAR PARA LUNA. A GAROTA OLHAVA DE UM LADO PARA OUTRO, COMO SE ESTIVESSE VENDO MUITO MAIS DO QUE OS OLHOS PODIAM ENXERGAR.

FOI ENTÃO QUE MAMÃE ME DISSE:

- AMANA, É HORA DE DORMIR!

ASSIM QUE O DIA AMANHECEU,
TRATEI LOGO DE ACORDAR LUNA.

– MOÇA, ONDE FOI QUE VOCÊ
CONSEGUIU ESSA CAUDA? –
DISSE COMO SE UMA DAS MINHAS
MÃOS FOSSE UM PÁSSARO.

- AH, PÁSSARO! VIM DE UM LUGAR ONDE OS PEIXES SE CANSARAM DE NADAR COM ELAS, ENTÃO PEGUEI UMA EMPRESTADA - REBATI COM A OUTRA MÃO QUE SEGURAVA A BONECA SEREIA.

APESAR DE NÃO DIZER NADA, LUNA ABRIU UM LEVE SORRISO, MAS LOGO O FECHOU NOVAMENTE. TALVEZ, ELA ESTIVESSE COM FOME.

COMO DIZIA A MINHA AVÓ:
– A MANHÃZINHA NA ALDEIA CHEGA
COM GOSTO DE BATATA E DE CAJU.

E QUEM NÃO GOSTA DE COISAS
DELICIOSAS PARA COMER?

DE TARDE, LEVEI LUNA PARA DAR UM PASSEIO PELA NOSSA ALDEIA. EXPLIQUEI PARA ELA, DA MESMA FORMA QUE MINHA AVÓ CONTOU PARA A MINHA MÃE, QUE CONTOU PARA MIM, SOBRE OS NOSSOS COSTUMES.

"A TERRA É COMO UMA MÃE QUE CUIDA DE TUDO E DE TODOS, ATÉ DOS GRANDES. O QUE HOJE É PLANTADO COMO BROTINHO, AMANHÃ SERÁ COLHIDO COMO NOSSO ALIMENTO."

QUANDO A NOITE CAIU, OS ADULTOS E AS CRIANÇAS SE JUNTARAM PARA OUVIR A HISTÓRIA, PASSADA DE GERAÇÃO PARA GERAÇÃO, SOBRE UMA MENINA SEREIA.

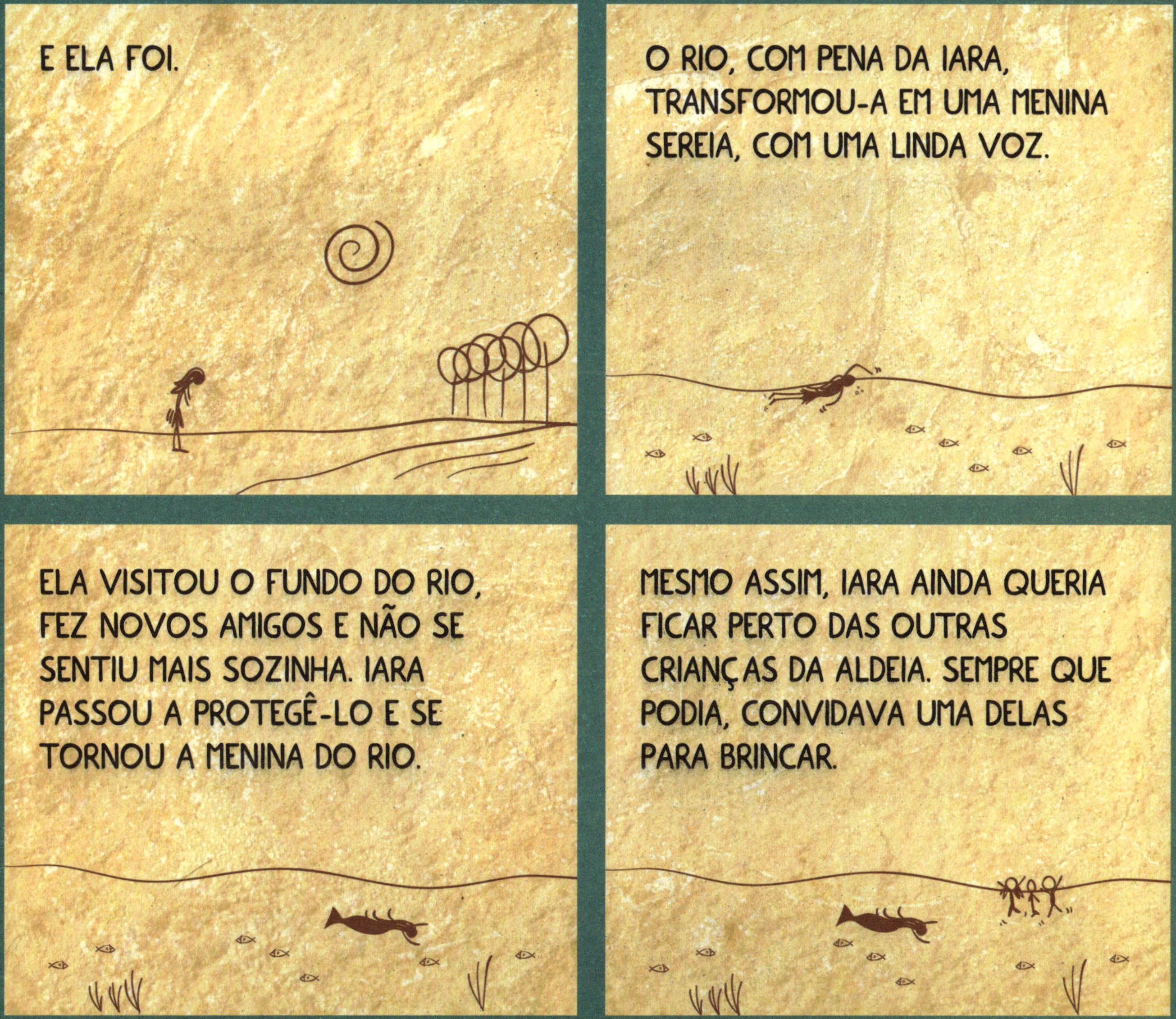
E ELA FOI.
O RIO, COM PENA DA IARA, TRANSFORMOU-A EM UMA MENINA SEREIA, COM UMA LINDA VOZ.
ELA VISITOU O FUNDO DO RIO, FEZ NOVOS AMIGOS E NÃO SE SENTIU MAIS SOZINHA. IARA PASSOU A PROTEGÊ-LO E SE TORNOU A MENINA DO RIO.
MESMO ASSIM, IARA AINDA QUERIA FICAR PERTO DAS OUTRAS CRIANÇAS DA ALDEIA. SEMPRE QUE PODIA, CONVIDAVA UMA DELAS PARA BRINCAR.

JÁ EM CASA, NOTEI QUE LUNA
NÃO PARECIA CONTENTE.

ENQUANTO EU ERA PURA ALEGRIA.

– QUANDO EU CRESCER, QUERO
SER COMO IARA, A MENINA DO
RIO MAIS CORAJOSA DO MUNDO.

PERCEBENDO A TRISTEZA DE LUNA,
ESPEREI E TIVE PACIÊNCIA,
COMO MEU PAI ME ENSINOU.

ATÉ QUE, NO OUTRO DIA, ELA FINALMENTE FALOU:

– A IARA FICA SOZINHA AQUI NO RIO.

E CONTINUOU:

– MEUS PAIS NÃO MORAM MAIS JUNTOS. ANTES DE IR EMBORA, MEU PAI ME DEU A BONECA SEREIA E ME DISSE QUE ERA PARA EU NÃO ME SENTIR SÓ...

– A MENINA DO RIO É MUITO CORAJOSA. E VOCÊ TAMBÉM É – DISSE PARA ELA. – LUNA, VOCÊ NÃO ESTÁ SOZINHA. VOCÊ TEM A SUA MÃE E, AGORA, TEM UMA AMIGA.

QUANDO A GENTE ESTAVA MAIS AFASTADA DAS OUTRAS CRIANÇAS, VIMOS A MENINA DO RIO SENTADA NUMA PEDRA, ESCOVANDO SEUS LINDOS CABELOS.

ELA PULOU NA ÁGUA E BRINCOU COM A GENTE A TARDE INTEIRA. PROMETEMOS A ELA VOLTAR TODOS OS DIAS NAQUELE MESMO HORÁRIO.

OS DIAS FORAM PASSANDO NA ALDEIA ATÉ QUE, DEPOIS DA TERCEIRA NOITE DE LUA CHEIA, O GRANDE PÁSSARO DE METAL VOLTOU PARA BUSCAR LUNA E SUA MÃE.

– PRA VOCÊ SE LEMBRAR DE MIM NA CIDADE, QUE TEM TANTAS LUZES NAS CASAS QUANTO ESTRELAS NO CÉU À NOITE – DISSE À LUNA ENTREGANDO A ELA MINHA FLAUTA.

ENTÃO, LUNA ME DEU SUA BONECA SEREIA.

– AGORA TENHO VOCÊ E A MENINA DO RIO NO MEU CORAÇÃO – ELA RETRIBUIU.

E COMPLETOU:
– UM DIA, VOCÊ VAI PARA A CIDADE COMIGO.

©Wellington Nemeth

REINALDO DOMINGOS NASCEU EM CASA BRANCA, INTERIOR DE SÃO PAULO. FILHO DE PAI FERROVIÁRIO E DE MÃE AUTÔNOMA, AOS 12 ANOS DE IDADE REALIZOU O PRIMEIRO DOS SEUS MUITOS SONHOS: COMPRAR UMA BICICLETA. ATUALMENTE, É PHD EM EDUCAÇÃO FINANCEIRA E MENTOR DE UMA METODOLOGIA COMPORTAMENTAL, A **METODOLOGIA DSOP**, QUE VIVENCIOU A PARTIR DOS SEUS 12 ANOS, SOBRE COMO ERA POSSÍVEL REALIZAR TODOS OS SONHOS – MATERIAIS OU NÃO MATERIAIS.

QUANDO SE TORNOU ADULTO, REINALDO PASSOU A SONHAR COM UMA SOCIEDADE EM QUE, INDEPENDENTEMENTE DA COR, CLASSE SOCIAL OU CULTURA, TODAS AS PESSOAS PUDESSEM REALIZAR SEUS SONHOS, ASSIM COMO CONSEGUIRAM LUNA E AMANA, QUE MOSTRAM COMO É POSSÍVEL, POR MEIO DE UMA GRANDE AMIZADE, ALCANÇÁ-LOS.

AUTOR DO *BEST-SELLER TERAPIA FINANCEIRA* E DE DIVERSOS OUTROS LIVROS, PUBLICOU AS SÉRIES *O MENINO E O DINHEIRO* E *O MENINO DO DINHEIRO*; E OS LIVROS *O MENINO DO DINHEIRO EM CORDEL; TER DINHEIRO NÃO TEM SEGREDO; ABCD DA EDUCAÇÃO FINANCEIRA, MESADA NÃO É SÓ DINHEIRO, SABEDORIA FINANCEIRA, PAPO EMPREENDEDOR* E A SÉRIE *DINHEIRO SEM SEGREDO*. É AUTOR, AINDA, DE DUAS COLEÇÕES DIDÁTICAS DE EDUCAÇÃO FINANCEIRA PARA O ENSINO BÁSICO; E TAMBÉM É AUTOR DO MAIS NOVO LANÇAMENTO DA EDITORA DSOP, A *COLEÇÃO DOS SONHOS* PARA EDUCAÇÃO FINANCEIRA, QUE FAZEM PARTE DOS PROGRAMAS “DESCOBRIR”, “EXPLORAR”, “EXPANDIR” E “CONSTRUIR”, ADOTADAS POR DIVERSAS ESCOLAS PÚBLICAS E PRIVADAS.